Copyright © 2019 by Kaye Nutman

All rights reserved. This book or any portion thereof may not be reproduced or used in any manner whatsoever without the express written permission of the publisher except for the use of brief quotations in a book review or scholarly journal.

First Printing: 2019

OggyTheOggDesign

Brighton Victoria Australia

www.kayenutman-writer.com

Please check my website www.kayenutman-writer.com or Amazon for more books in the Sudoku Puzzles range, and other books by me Kaye Nutman - OggyTheOggDesign. if you'd like printable versions then you'll (soon) find them on my website too. You can join my author group on Facebook at www.facebook.com/groups/360878484067782

CONTENTS:

How to SUDOKU 4 x 4	
Dragon Egg Level 4 x 4 Grids	(Nice and Easy)
Hatchling Level 4 x 4 Grids	(Easy)
Baby Dragon Level 6 x 6 Grids	(Easy)
Learner Dragon Level 6 x 6 Grids	(A bit harder)
Educated Dragon Level 6 x 6 Grids	(Medium/Hard)
How to SUDOKU 9 x 9	
Fire-Breathing Dragon 9 x 9 Grids	(Beginner/Easy)
Surprise! Bonus Puzzles 4x4 and 6 x 6	

**If you enjoy this book, PLEASE leave a review!
It is a huge help to indie authors like me.
I'd love to know what you think.**

SUDOKU FOR KIDS
VOLUME 1

Dedicated to

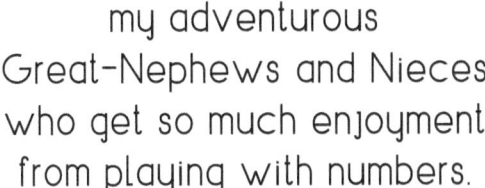

my adventurous Great-Nephews and Nieces who get so much enjoyment from playing with numbers.

And to all the children i taught, who are now passing on their love of learning to their own young ones.

How to solve these Sudoku Puzzles

The shapes used in Sudoku are squares – but we use other names too, so we can tell them apart.

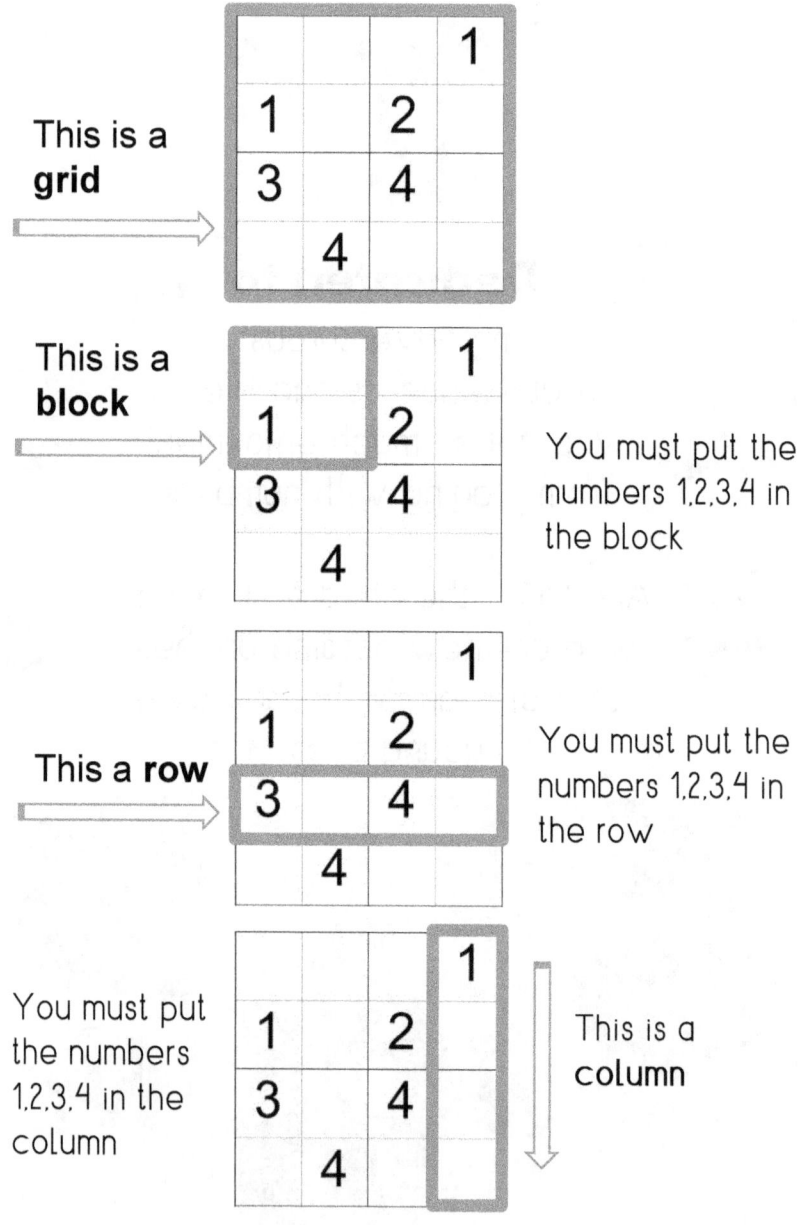

This is a **grid**

This is a **block**

You must put the numbers 1,2,3,4 in the block

This a **row**

You must put the numbers 1,2,3,4 in the row

You must put the numbers 1,2,3,4 in the column

This is a **column**

There are 4 blocks, 4 rows and 4 columns in a grid. Point to a block... a row... a column. You need to remember these words and what they mean.

To play Sudoku you must remember these Rules

- Every row, column and block must contain the numbers 1,2,3,4.
- You cannot use the same number twice in a row, column or block.

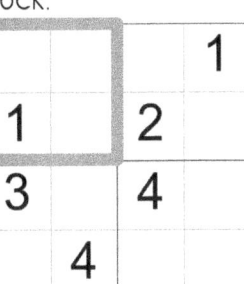

		1	
1		2	
3		4	
	4		

It is best to begin by being LOGICAL. Let's start with the first **block**. Use a pencil or pointer to follow my tips.

We know we have to put the numbers 2, 3 and 4 in here, as we already have 1.

Let's start with the number 2. Look along each **row** and down each **column** for any other 2's.

2 cannot go in the second row of the block as the second row already has a 2. It must go in the first row, but we can't be certain where... yet. We need more clues. What about the number 3? It can't go in column 1 as there is already a 3 there. So it must go in column two somewhere – but we can't tell where... yet.

So, what about 4 it can't go in the second column. Why? There's a 4 there already. Great! Now we know that the 4 must go at the top of column one. Which leaves 2 and 3. Since 2 cannot go in row two, it must go in row 1. Leaving 1 space for the 3.

		1	
1		2	
3		4	
	4		

		1	
1		2	
3		4	
	4		

		1	
1		2	
3		4	
	4		

4			1
1		2	
3		4	
	4		

4	2		1
1	3	2	
3		4	
	4		

YAY! We have filled the first block – 1,2,3,4. There's a bonus... Can you now fill in column one and column two? What number is missing? Now row three can be filled in, and so on. Use a pencil, solve this sudoku puzzle now. Think 1,2,3,4.

DRAGON EGG LEVEL
FOR NEW LEARNERS
4X4 GRIDS

Puzzle 1
Egg Level

			2
	2	4	
3			
	1	3	

Puzzle 2
Egg Level

		2	
2			4
3			1
	1		

Solution for Puzzle 1

4	3	1	2
1	2	4	3
3	4	2	1
2	1	3	4

Solution for Puzzle 2

1	4	2	3
2	3	1	4
3	2	4	1
4	1	3	2

Puzzle 3
Egg Level

			3
3		2	
1		4	
	4		

Puzzle 4
Egg Level

2		4	
			2
1		3	
	3		

Solution for Puzzle 3

4	2	1	3
3	1	2	4
1	3	4	2
2	4	3	1

Solution for Puzzle 4

2	1	4	3
3	4	1	2
1	2	3	4
4	3	2	1

Puzzle 5
Egg Level

			1
1		2	
3		4	
	4		

Puzzle 6
Egg Level

			3
	3	1	
4			
	2	4	

Solution for Puzzle 5

4	2	3	1
1	3	2	4
3	1	4	2
2	4	1	3

Solution for Puzzle 6

1	4	2	3
2	3	1	4
4	1	3	2
3	2	4	1

Puzzle 7
Egg Level

			3
	3	4	
1			
	2	1	

Puzzle 8
Egg Level

		1	
1			4
	2		
3			2

Solution for Puzzle 7

4	1	2	3
2	3	4	1
1	4	3	2
3	2	1	4

Solution for Puzzle 8

2	4	1	3
1	3	2	4
4	2	3	1
3	1	4	2

Puzzle 9
Egg Level

	2		3
		2	
	1		4
4			

Puzzle 10
Egg Level

1			2
		1	
4			3
	3		

Solution for Puzzle 9

1	2	4	3
3	4	2	1
2	1	3	4
4	3	1	2

Solution for Puzzle 10

1	4	3	2
3	2	1	4
4	1	2	3
2	3	4	1

Puzzle 11
Egg Level

			4
4		2	
	1		
3		1	

Puzzle 12
Egg Level

3			4
		3	
1			2
	2		

Solution for Puzzle 11

1	2	3	4
4	3	2	1
2	1	4	3
3	4	1	2

Solution for Puzzle 12

3	1	2	4
2	4	3	1
1	3	4	2
4	2	1	3

Puzzle 13
Egg Level

4			3
		4	
	2		
1			2

Puzzle 14
Egg Level

			3
	3	2	
4			
	1	4	

Solution for Puzzle 13

4	1	2	3
2	3	4	1
3	2	1	4
1	4	3	2

Solution for Puzzle 14

2	4	1	3
1	3	2	4
4	2	3	1
3	1	4	2

Puzzle 15
Egg Level

4		3	
			4
	2		
1		2	

Puzzle 16
Egg Level

1		3	
			1
	2		
4		2	

Solution for Puzzle 15

4	1	3	2
2	3	1	4
3	2	4	1
1	4	2	3

Solution for Puzzle 16

1	4	3	2
2	3	4	1
3	2	1	4
4	1	2	3

Puzzle 17
Egg Level

	2	4	
			2
	1	3	
3			

Puzzle 18
Egg Level

			1
1		2	
4		3	
	3		

Solution for Puzzle 17

1	2	4	3
4	3	1	2
2	1	3	4
3	4	2	1

Solution for Puzzle 18

3	2	4	1
1	4	2	3
4	1	3	2
2	3	1	4

Puzzle 19
Egg Level

		4	
4			3
	2		
1			2

Puzzle 20
Egg Level

			1
1		3	
2		4	
	4		

Solution for Puzzle 19

2	3	4	1
4	1	2	3
3	2	1	4
1	4	3	2

Solution for Puzzle 20

4	3	2	1
1	2	3	4
2	1	4	3
3	4	1	2

DO YOU FANCY
SOMETHING
A BiT HARDER?

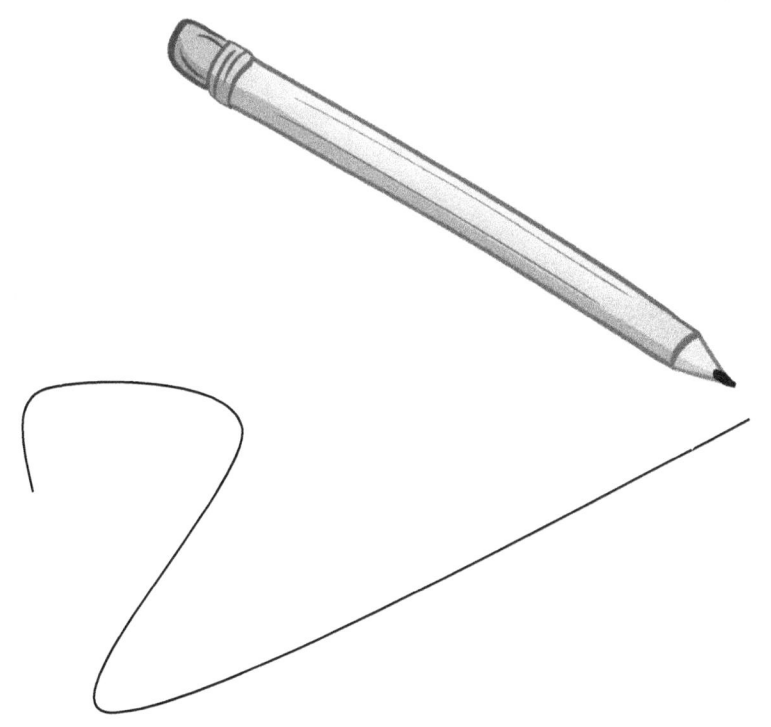

HATCHLING LEVEL FOR CLEVER KIDS

Puzzle 21
Hatchling Level

	4		
3			
	3		1
		2	

Puzzle 22
Hatchling Level

1			
	4		
	1	3	
			2

Solution for Puzzle 21

1	4	3	2
3	2	1	4
2	3	4	1
4	1	2	3

Solution for Puzzle 22

1	2	4	3
3	4	2	1
2	1	3	4
4	3	1	2

Puzzle 23
Hatchling Level

	2		
3			
		1	
	3		4

Puzzle 24
Hatchling Level

	2		
1			
	1		4
		3	

Solution for Puzzle 23

4	2	3	1
3	1	4	2
2	4	1	3
1	3	2	4

Solution for Puzzle 24

4	2	1	3
1	3	4	2
3	1	2	4
2	4	3	1

Puzzle 25
Hatchling Level

1			
	3		
3		2	
			4

Puzzle 26
Hatchling Level

1			
	3		
			2
3		4	

Solution for Puzzle 25

1	2	4	3
4	3	1	2
3	4	2	1
2	1	3	4

Solution for Puzzle 26

1	4	2	3
2	3	1	4
4	1	3	2
3	2	4	1

Puzzle 27
Hatchling Level

3			
	2		
2			4
		1	

Puzzle 28
Hatchling Level

	3		
4			
		2	
	4		1

Solution for Puzzle 27

3	4	2	1
1	2	4	3
2	1	3	4
4	3	1	2

Solution for Puzzle 28

1	3	4	2
4	2	1	3
3	1	2	4
2	4	3	1

Puzzle 29
Hatchling Level

	2		
3			
2		4	
			1

Puzzle 30
Hatchling Level

1			
	4		
	1	3	
			2

Solution for Puzzle 29

1	2	3	4
3	4	1	2
2	1	4	3
4	3	2	1

Solution for Puzzle 30

1	2	4	3
3	4	2	1
2	1	3	4
4	3	1	2

Puzzle 31
Hatchling Level

	3		
1			
		4	
3			2

Puzzle 32
Hatchling Level

2			
	4		
4		3	
			1

Solution for Puzzle 31

4	3	2	1
1	2	3	4
2	1	4	3
3	4	1	2

Solution for Puzzle 32

2	3	1	4
1	4	2	3
4	1	3	2
3	2	4	1

Puzzle 33
Hatchling Level

2			
	3		
		4	
	2		1

Puzzle 34
Hatchling Level

4			
	1		
			3
1		2	

Solution for Puzzle 33

2	4	1	3
1	3	2	4
3	1	4	2
4	2	3	1

Solution for Puzzle 34

4	2	3	1
3	1	4	2
2	4	1	3
1	3	2	4

Puzzle 35
Hatchling Level

3			
	1		
			2
1		4	

Puzzle 36
Hatchling Level

2			
	3		
	2	4	
			1

Solution for Puzzle 35

3	4	2	1
2	1	3	4
4	3	1	2
1	2	4	3

Solution for Puzzle 36

2	1	3	4
4	3	1	2
1	2	4	3
3	4	2	1

Puzzle 37
Hatchling Level

	1		
2			
			4
1		3	

Puzzle 38
Hatchling Level

	2		
3			
	3	4	
			1

Solution for Puzzle 37

4	1	2	3
2	3	4	1
3	2	1	4
1	4	3	2

Solution for Puzzle 38

4	2	1	3
3	1	2	4
1	3	4	2
2	4	3	1

Puzzle 39
Hatchling Level

4			
	2		
	4		3
		1	

Puzzle 40
Hatchling Level

2			
	4		
			3
	2	1	

Solution for Puzzle 39

4	1	3	2
3	2	4	1
1	4	2	3
2	3	1	4

Solution for Puzzle 40

2	3	4	1
1	4	3	2
4	1	2	3
3	2	1	4

WOULD YOU LiKE TO TRY SOMETHiNG NEW ?
6x6 GRiDS

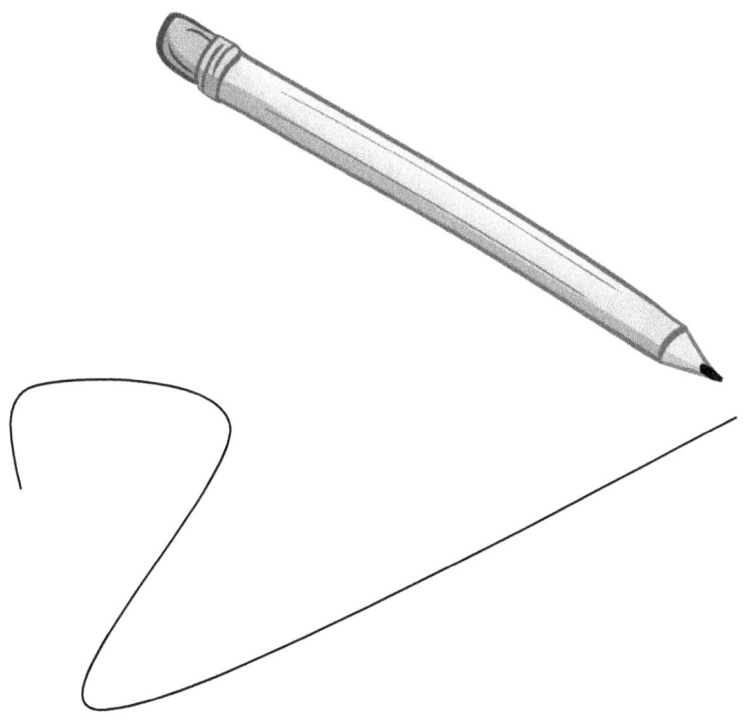

Use the same LOGiC with these 6X6 puzzles. Every row, column and block must contain the numbers 1 – 6. No number can appear twice in the same row, column or block. You can do this!

BABY DRAGON LEVEL FOR SUPER LEARNERS

Puzzle 41
Baby Dragon Level

	1		2		6
3					
6					3
	3			2	
	4	5			1
				5	

Puzzle 42
Baby Dragon Level

	6				
4			1		3
	3				6
6				1	
2		5			4
				5	

Solution for Puzzle 41

5	1	4	2	3	6
3	2	6	5	1	4
6	5	2	1	4	3
4	3	1	6	2	5
2	4	5	3	6	1
1	6	3	4	5	2

Solution for Puzzle 42

1	6	3	5	4	2
4	5	2	1	6	3
5	3	1	4	2	6
6	2	4	3	1	5
2	1	5	6	3	4
3	4	6	2	5	1

Puzzle 43
Baby Dragon Level

6			2		3
	1				
1				2	
	3				1
5		4			6
				4	

Puzzle 44
Baby Dragon Level

2			3		1
		4			
		1			4
4				3	
5	6				2
				6	

Solution for Puzzle 43

6	4	5	2	1	3
2	1	3	4	6	5
1	5	6	3	2	4
4	3	2	6	5	1
5	2	4	1	3	6
3	6	1	5	4	2

Solution for Puzzle 44

2	5	6	3	4	1
3	1	4	6	2	5
6	3	1	2	5	4
4	2	5	1	3	6
5	6	3	4	1	2
1	4	2	5	6	3

Puzzle 45
Baby Dragon Level

2					
	6			1	4
	2		1		
4					2
	3	5			6
			5		

Puzzle 46
Baby Dragon Level

	6				
5			4	3	
	3			6	
6					4
1		2		5	
					2

Solution for Puzzle 45

2	1	4	6	5	3
5	6	3	2	1	4
3	2	6	1	4	5
4	5	1	3	6	2
1	3	5	4	2	6
6	4	2	5	3	1

Solution for Puzzle 46

4	6	3	2	1	5
5	2	1	4	3	6
2	3	4	5	6	1
6	1	5	3	2	4
1	4	2	6	5	3
3	5	6	1	4	2

Puzzle 47
Baby Dragon Level

		4			
3				5	2
4			5		
		2			4
6	1				3
			1		

Puzzle 48
Baby Dragon Level

6					
	1		3		2
	6			3	
2					6
	5	4			1
				4	

Solution for Puzzle 47

5	2	4	3	1	6
3	6	1	4	5	2
4	3	6	5	2	1
1	5	2	6	3	4
6	1	5	2	4	3
2	4	3	1	6	5

Solution for Puzzle 48

6	3	2	4	1	5
4	1	5	3	6	2
5	6	1	2	3	4
2	4	3	1	5	6
3	5	4	6	2	1
1	2	6	5	4	3

Puzzle 49
Baby Dragon Level

2					
	6		1	5	
5				2	
	2				1
	4	3		6	
					3

Puzzle 50
Baby Dragon Level

6			2	3	
	5				
5					2
	3			5	
1		4		6	
					4

Solution for Puzzle 49

2	1	5	3	4	6
3	6	4	1	5	2
5	3	1	6	2	4
4	2	6	5	3	1
1	4	3	2	6	5
6	5	2	4	1	3

Solution for Puzzle 50

6	4	1	2	3	5
2	5	3	4	1	6
5	1	6	3	4	2
4	3	2	6	5	1
1	2	4	5	6	3
3	6	5	1	2	4

Puzzle 51
Baby Dragon Level

			4	5	
		1			
		5		1	
1					4
6	2			3	
					2

Top-left cell: 3

Puzzle 52
Baby Dragon Level

		3			
6			1	2	
		2		3	
3					1
4	5			6	
					5

Solution for Puzzle 51

3	6	2	4	5	1
4	5	1	2	6	3
2	4	5	3	1	6
1	3	6	5	2	4
6	2	4	1	3	5
5	1	3	6	4	2

Solution for Puzzle 52

1	2	3	5	4	6
6	4	5	1	2	3
5	1	2	6	3	4
3	6	4	2	5	1
4	5	1	3	6	2
2	3	6	4	1	5

Puzzle 53
Baby Dragon Level

	1				
5			2		6
	6				1
1				2	
4		3			5
				3	

Puzzle 54
Baby Dragon Level

	6				
2				5	1
6			5		
	1				6
4		3			2
			3		

Solution for Puzzle 53

2	1	6	3	5	4
5	3	4	2	1	6
3	6	2	5	4	1
1	4	5	6	2	3
4	2	3	1	6	5
6	5	1	4	3	2

Solution for Puzzle 54

5	6	1	2	3	4
2	3	4	6	5	1
6	4	2	5	1	3
3	1	5	4	2	6
4	5	3	1	6	2
1	2	6	3	4	5

Puzzle 55
Baby Dragon Level

3			4		1
	6				
	1				6
6				4	
2		5			3
				5	

Puzzle 56
Baby Dragon Level

2					
	4			6	5
	2		6		
5					2
	3	1			4
			1		

Solution for Puzzle 55

3	5	2	4	6	1
4	6	1	5	3	2
5	1	4	3	2	6
6	2	3	1	4	5
2	4	5	6	1	3
1	3	6	2	5	4

Solution for Puzzle 56

2	6	5	4	1	3
1	4	3	2	6	5
3	2	4	6	5	1
5	1	6	3	4	2
6	3	1	5	2	4
4	5	2	1	3	6

Puzzle 57
Baby Dragon Level

1					
	3			5	6
	1		5		
6					1
	4	2			3
			2		

Puzzle 58
Baby Dragon Level

4				3	6
	2				
2			3		
	6				2
5		1			4
			1		

Solution for Puzzle 57

1	5	6	3	2	4
2	3	4	1	5	6
4	1	3	5	6	2
6	2	5	4	3	1
5	4	2	6	1	3
3	6	1	2	4	5

Solution for Puzzle 58

4	1	5	2	3	6
3	2	6	4	1	5
2	5	4	3	6	1
1	6	3	5	4	2
5	3	1	6	2	4
6	4	2	1	5	3

Puzzle 59
Baby Dragon Level

	1				
5				6	3
	3				1
1			6		
4		2			5
			2		

Puzzle 60
Baby Dragon Level

		1			
5				2	4
		4			1
1			2		
3	6				5
			6		

Solution for Puzzle 59

6	1	3	5	2	4
5	2	4	1	6	3
2	3	6	4	5	1
1	4	5	6	3	2
4	6	2	3	1	5
3	5	1	2	4	6

Solution for Puzzle 60

2	4	1	5	6	3
5	3	6	1	2	4
6	2	4	3	5	1
1	5	3	2	4	6
3	6	2	4	1	5
4	1	5	6	3	2

WOULD YOU LIKE TO
TRY SOMETHING
A BIT HARDER?

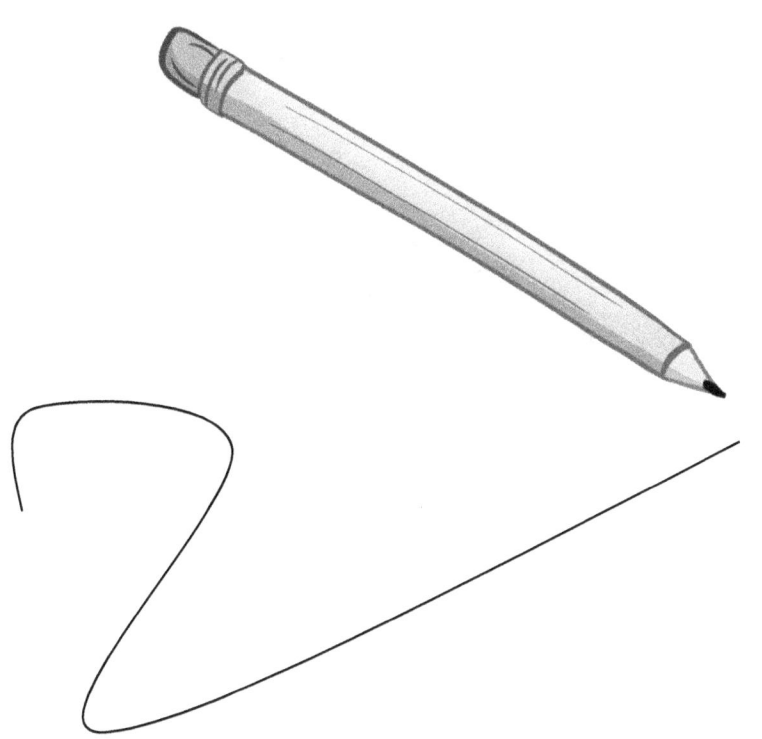

LEARNER DRAGON LEVEL FOR AMAZING KIDS

Puzzle 61
Learner Dragon Level

	1				4
		6			
3				5	
	5				3
2				1	
			2		

Puzzle 62
Learner Dragon Level

	5	6	4	1	
6		4		5	
	2		6		1
	6	5	1	3	

Solution for Puzzle 61

5	1	3	6	2	4
4	2	6	5	3	1
3	6	4	1	5	2
1	5	2	4	6	3
2	4	5	3	1	6
6	3	1	2	4	5

Solution for Puzzle 62

3	5	6	4	1	2
1	4	2	3	6	5
6	1	4	2	5	3
5	2	3	6	4	1
2	6	5	1	3	4
4	3	1	5	2	6

Puzzle 63
Learner Dragon Level

	4	2	3	1	
4	1		2		
		5		4	3
	2	4	6	3	

Puzzle 64
Learner Dragon Level

	1				
3			4		
		2			5
5			2		
		6			3
				6	

Solution for Puzzle 63

6	4	2	3	1	5
3	5	1	4	6	2
4	1	3	2	5	6
2	6	5	1	4	3
5	2	4	6	3	1
1	3	6	5	2	4

Solution for Puzzle 64

6	1	4	3	5	2
3	2	5	4	1	6
1	4	2	6	3	5
5	6	3	2	4	1
4	5	6	1	2	3
2	3	1	5	6	4

Puzzle 65
Learner Dragon Level

	2			4	
		3			
	5			6	
6					5
1					2
			1		

Puzzle 66
Learner Dragon Level

	3	5	6		4
5		6			3
	2		5	4	
	5	3	4		1

Solution for Puzzle 65

5	2	6	3	4	1
4	1	3	5	2	6
2	5	1	4	6	3
6	3	4	2	1	5
1	4	5	6	3	2
3	6	2	1	5	4

Solution for Puzzle 66

4	6	2	1	3	5
1	3	5	6	2	4
5	4	6	2	1	3
3	2	1	5	4	6
2	5	3	4	6	1
6	1	4	3	5	2

Puzzle 67
Learner Dragon Level

	4	6	3		2
4	3				6
		5	4	2	
	6	4	2		1

Puzzle 68
Learner Dragon Level

	4				
5				6	
3				2	
		2			3
		1			5
			1		

Solution for Puzzle 67

1	4	6	3	5	2
2	5	3	1	6	4
4	3	2	5	1	6
6	1	5	4	2	3
5	6	4	2	3	1
3	2	1	6	4	5

Solution for Puzzle 68

1	4	6	3	5	2
5	2	3	4	6	1
3	1	5	6	2	4
4	6	2	5	1	3
6	3	1	2	4	5
2	5	4	1	3	6

Puzzle 69
Learner Dragon Level

	6	4	1	2	
6	2		4		
		5		6	1
	4	6	3	1	

Puzzle 70
Learner Dragon Level

	3	2	4		6
2		4			3
	1		2	6	
	2	3	6		5

Solution for Puzzle 69

1	5	2	6	3	4
3	6	4	1	2	5
6	2	1	4	5	3
4	3	5	2	6	1
5	4	6	3	1	2
2	1	3	5	4	6

Solution for Puzzle 70

5	3	2	4	1	6
6	4	1	5	3	2
2	6	4	1	5	3
3	1	5	2	6	4
1	2	3	6	4	5
4	5	6	3	2	1

Puzzle 71
Learner Dragon Level

	4	1	3	6	
1		6	4		
	2			1	3
	1	4	5	3	

Puzzle 72
Learner Dragon Level

	2				
6				1	
		3			4
4				3	
		5			6
			5		

Solution for Puzzle 71

3	6	2	1	5	4
5	4	1	3	6	2
1	3	6	4	2	5
4	2	5	6	1	3
2	1	4	5	3	6
6	5	3	2	4	1

Solution for Puzzle 72

5	2	1	4	6	3
6	3	4	2	1	5
2	1	3	6	5	4
4	5	6	1	3	2
1	4	5	3	2	6
3	6	2	5	4	1

Puzzle 73
Learner Dragon Level

1		4	5		6
3			4	6	
	4	5			1
4		1	6		2

Puzzle 74
Learner Dragon Level

	6	2	3	5	
	4			2	3
2		5	6		
	2	6	1	3	

Solution for Puzzle 73

1	2	4	5	3	6
5	6	3	2	1	4
3	1	2	4	6	5
6	4	5	3	2	1
4	3	1	6	5	2
2	5	6	1	4	3

Solution for Puzzle 74

3	5	4	2	1	6
1	6	2	3	5	4
6	4	1	5	2	3
2	3	5	6	4	1
4	2	6	1	3	5
5	1	3	4	6	2

Puzzle 75
Learner Dragon Level

	3				
4			6		
		2			1
1			2		
		5			4
				5	

Puzzle 76
Learner Dragon Level

6		1	4		3
	1	4			6
5			1	3	
1		6	3		2

Solution for Puzzle 75

5	3	6	4	1	2
4	2	1	6	3	5
3	6	2	5	4	1
1	5	4	2	6	3
6	1	5	3	2	4
2	4	3	1	5	6

Solution for Puzzle 76

6	2	1	4	5	3
4	3	5	2	6	1
3	1	4	5	2	6
5	6	2	1	3	4
1	5	6	3	4	2
2	4	3	6	1	5

Puzzle 77
Learner Dragon Level

		2			
	4			3	
	5			1	
1					5
6					4
			6		

Puzzle 78
Learner Dragon Level

5			6		
		1			
	2				4
4			2		
	3				5
				3	

Solution for Puzzle 77

3	6	2	5	4	1
5	4	1	2	3	6
4	5	6	3	1	2
1	2	3	4	6	5
6	3	5	1	2	4
2	1	4	6	5	3

Solution for Puzzle 78

5	4	2	6	1	3
3	6	1	5	4	2
1	2	6	3	5	4
4	5	3	2	6	1
6	3	4	1	2	5
2	1	5	4	3	6

Puzzle 79
Learner Dragon Level

3					5
	4				
		2		1	
1					2
		6		3	
			6		

Puzzle 80
Learner Dragon Level

2			6		
	1				
		4			5
5			4		
		3			2
				3	

Solution for Puzzle 79

3	2	1	4	6	5
6	4	5	1	2	3
4	5	2	3	1	6
1	6	3	5	4	2
5	1	6	2	3	4
2	3	4	6	5	1

Solution for Puzzle 80

2	4	5	6	1	3
3	1	6	2	5	4
1	6	4	3	2	5
5	3	2	4	6	1
6	5	3	1	4	2
4	2	1	5	3	6

WOULD YOU LIKE TO TRY SOMETHING THAT MAKES YOU THINK HARDER?

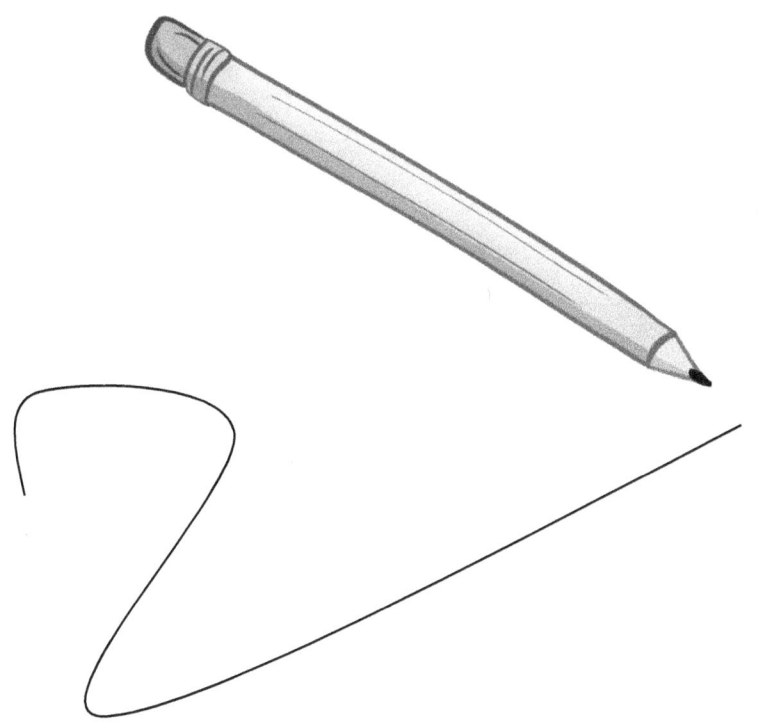

EDUCATED DRAGON LEVEL FOR INCREDIBLE LEARNERS

Puzzle 81
Educated Dragon Level

		1			
3	6			2	
		6	3		
4				1	
		3	2		5
				3	

Puzzle 82
Educated Dragon Level

				6	
			1	3	
	2				5
1				4	
	1				
	5	4			

Solution for Puzzle 81

2	5	1	4	6	3
3	6	4	5	2	1
1	2	6	3	5	4
4	3	5	6	1	2
6	1	3	2	4	5
5	4	2	1	3	6

Solution for Puzzle 82

2	3	1	5	6	4
5	4	6	1	3	2
4	2	3	6	1	5
1	6	5	2	4	3
3	1	2	4	5	6
6	5	4	3	2	1

Puzzle 83
Educated Dragon Level

				1	
			2	6	
	3				5
2				4	
	2				
	5	4			

Puzzle 84
Educated Dragon Level

4	5			3	
		2			
		5	4		
6				2	
		4	3		1
				4	

Solution for Puzzle 83

3	6	2	5	1	4
5	4	1	2	6	3
4	3	6	1	2	5
2	1	5	3	4	6
6	2	3	4	5	1
1	5	4	6	3	2

Solution for Puzzle 84

4	5	6	1	3	2
3	1	2	6	5	4
2	3	5	4	1	6
6	4	1	5	2	3
5	2	4	3	6	1
1	6	3	2	4	5

Puzzle 85
Educated Dragon Level

					5
			3		4
1				6	
	3				2
3					
6		2			

Puzzle 86
Educated Dragon Level

			1		4
					3
	2			5	
1					6
	1				
	5	6			

Solution for Puzzle 85

4	1	3	6	2	5
2	6	5	3	1	4
1	2	4	5	6	3
5	3	6	1	4	2
3	4	1	2	5	6
6	5	2	4	3	1

Solution for Puzzle 86

5	6	3	1	2	4
2	4	1	5	6	3
6	2	4	3	5	1
1	3	5	2	4	6
4	1	2	6	3	5
3	5	6	4	1	2

Puzzle 87
Educated Dragon Level

		1			
4	6			5	
	2			1	
		4	6		
		6	5		3
				6	

Puzzle 88
Educated Dragon Level

4		5	3		
	2				
	4			5	
		6	2		
	5			3	1
			5		

Solution for Puzzle 87

3	5	1	2	4	6
4	6	2	3	5	1
6	2	3	4	1	5
5	1	4	6	3	2
1	4	6	5	2	3
2	3	5	1	6	4

Solution for Puzzle 88

4	6	5	3	1	2
1	2	3	4	6	5
3	4	2	1	5	6
5	1	6	2	4	3
2	5	4	6	3	1
6	3	1	5	2	4

Puzzle 89
Educated Dragon Level

					6
			3		5
	2			1	
3					4
	3				
	1	4			

Puzzle 90
Educated Dragon Level

					2
			3		5
	6			4	
3					1
	3				
	4	1			

Solution for Puzzle 89

2	5	3	1	4	6
1	4	6	3	2	5
4	2	5	6	1	3
3	6	1	2	5	4
5	3	2	4	6	1
6	1	4	5	3	2

Solution for Puzzle 90

6	5	3	4	1	2
4	1	2	3	6	5
1	6	5	2	4	3
3	2	4	6	5	1
5	3	6	1	2	4
2	4	1	5	3	6

Puzzle 91
Educated Dragon Level

1		2	6		
	5				
	1				2
		3	5		
	2			4	6
			2		

Puzzle 92
Educated Dragon Level

		2			
5	6		3		
1			2		
		6			5
		5		4	3
			5		

Solution for Puzzle 91

1	3	2	6	5	4
4	5	6	1	2	3
6	1	5	4	3	2
2	4	3	5	6	1
5	2	1	3	4	6
3	6	4	2	1	5

Solution for Puzzle 92

3	4	2	6	5	1
5	6	1	3	2	4
1	5	4	2	3	6
2	3	6	4	1	5
6	2	5	1	4	3
4	1	3	5	6	2

Puzzle 93
Educated Dragon Level

5	1		6		
		3			
		1		5	
4			3		
		5		6	2
			5		

Puzzle 94
Educated Dragon Level

			2	3	
			4		
	5				6
3			1		
	3				
	6	1			

Solution for Puzzle 93

5	1	4	6	2	3
6	2	3	1	4	5
3	6	1	2	5	4
4	5	2	3	1	6
1	3	5	4	6	2
2	4	6	5	3	1

Solution for Puzzle 94

6	1	4	2	3	5
5	2	3	4	6	1
1	5	2	3	4	6
3	4	6	1	5	2
2	3	5	6	1	4
4	6	1	5	2	3

Puzzle 95
Educated Dragon Level

			3	6	
				5	
3				1	
		4			2
		3			
	1	2			

Puzzle 96
Educated Dragon Level

	1				
6		2	4		
	6				2
		5	1		
	2			3	4
			2		

Solution for Puzzle 95

2	5	1	3	6	4
4	3	6	2	5	1
3	2	5	4	1	6
1	6	4	5	3	2
6	4	3	1	2	5
5	1	2	6	4	3

Solution for Puzzle 96

3	1	4	6	2	5
6	5	2	4	1	3
4	6	1	3	5	2
2	3	5	1	4	6
1	2	6	5	3	4
5	4	3	2	6	1

Puzzle 97
Educated Dragon Level

			2	6	
			5		
3					4
	6		1		
6					
4		1			

Puzzle 98
Educated Dragon Level

			3		
			4	6	
6			2		
	5				1
	6				
	1	2			

Solution for Puzzle 97

1	4	5	2	6	3
2	3	6	5	4	1
3	1	2	6	5	4
5	6	4	1	3	2
6	2	3	4	1	5
4	5	1	3	2	6

Solution for Puzzle 98

5	4	6	3	1	2
1	2	3	4	6	5
6	3	1	2	5	4
2	5	4	6	3	1
4	6	5	1	2	3
3	1	2	5	4	6

Puzzle 99
Educated Dragon Level

			2	3	
			4		
3			5		
	6				1
	3				
	1	5			

Puzzle 100
Educated Dragon Level

			3	6	
			4		
1					5
	6		2		
6					
5		2			

Solution for Puzzle 99

1	5	4	2	3	6
6	2	3	4	1	5
3	4	1	5	6	2
5	6	2	3	4	1
2	3	6	1	5	4
4	1	5	6	2	3

Solution for Puzzle 100

2	5	4	3	6	1
3	1	6	4	5	2
1	2	3	6	4	5
4	6	5	2	1	3
6	3	1	5	2	4
5	4	2	1	3	6

WOULD YOU LiKE TO TRY SOMETHiNG THAT MAKES YOU BRAiN WORK REALLY HARD?

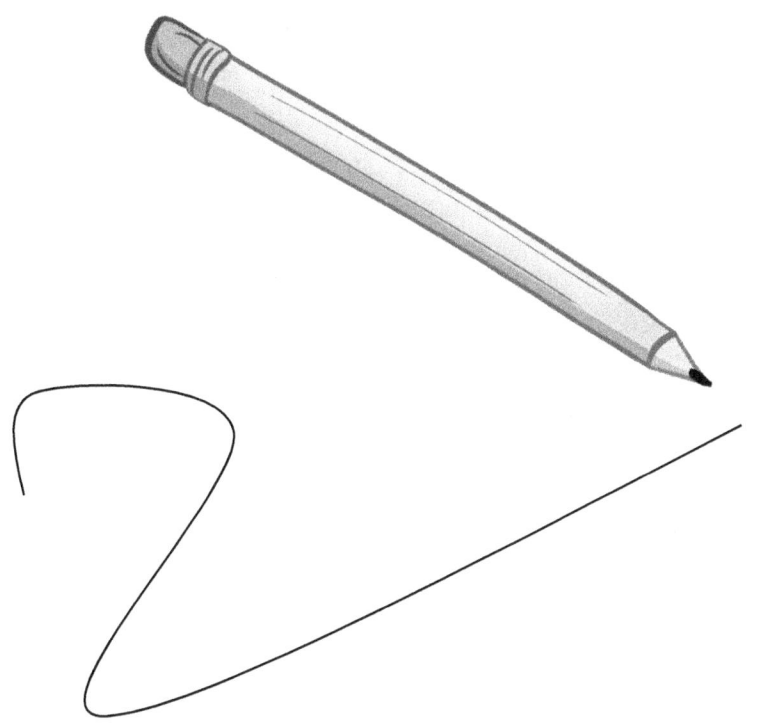

9x9 GRIDS

Row 1		5		3	4		1		2	Top
			4	8		1				Middle
Row 3	2	*1*	8				3	9		Bottom
		9	1			4			8	
		8			9		6	5		
A *row* is a straight line across	5			6		2		1		
	3			2		8	9			A *block* contains 9 *cells*, numbered 1–9
			9	4	6				5	
	8	4	7		1			3	6	

A *column* is a straight line down

There are 9 blocks, 9 rows and 9 columns in this puzzle. You can only use the numbers 1 – 9 once in each row, column or block.

Instead of looking block by block, try looking at the whole **grid**. The majority of 9X9 GRID players begin by looking for numbers that appear often in the puzzle. *(if you want a real challenge cover the answer grid on the next page, but it is okay to peek if you need to.)*

Use a pencil. Now, you may notice **a lot of 1's**. Look in each 3 x 3 block for the number 1. Can you see other places where there is also a number 1? Start looking for the number 1 in all the rows and columns. These can help you find where to put other 1's.

As there is already a 1 in rows 1 and 2, then there can be no other number 1 s in either of those 2 rows. So, the missing 1 must be placed in row 3. Can you see a space that is a **certainty?** it is the **only** place that number 1 can fit. i have filled it in for you.

This technique is called '**cross-hatching**'.

Continue scanning for numbers that jump out at you. In this example, now look for the number 2. Write in any **certainties**. After each number is written in, check the grid again and do another search. Go again with the numbers 3,4,5,6,7,8,9.

When you have used the 'certainty' technique to the full, then you can start looking for **candidates** for the blank cells you have left. (Possible numbers)

This is usually done by a process of elimination – saying to yourself "What COULD go here?".

Look at **column** 1 row 3 for the number 2. There is no 2 in the grid below or the grid below that one. You could write a tiny number 2 to the side of any the cell that 2 could go in (in pencil). BUT – there is a clue here which makes the 2 a certainty. Look in column six, sixth row. There is a 2 there. This means 2 cannot go in row 6, so it must go in row 5, column 3. Yay! You can pencil in a large 2.

Continue checking all the rows and columns. Where you do not find a certainty, write candidates in small numbers, lightly, with your pencil. You will erase some of them later.

Look for other clues like 2 missing numbers in a row, column or block. You may be able to fill them in. Count from 1 – 9: you may find the missing numbers. Keep going until all the cells are filled.

7	5	6	3	4	9	1	8	2
9	3	4	8	2	1	5	6	7
2	1	8	7	5	6	3	9	4
6	9	1	5	3	4	7	2	8
4	8	2	1	9	7	6	5	3
5	7	3	6	8	2	4	1	9
3	6	5	2	7	8	9	4	1
1	2	9	4	6	3	8	7	5
8	4	7	9	1	5	2	3	6

Cover the solution until you have tried to solve the puzzle by yourself. A sneak peak is okay! Have fun.

Fire-Breathing Dragon Level
For Dazzling Stars
9 x 9 Grid

Puzzle 1
Very Easy

	2	5					4	6
7				9	4	2	8	
		9	8		5			
6		8	9			5		
5				6			3	7
	7		2		3			8
		6		3	9	7		
	4		5		2		6	
9	5	1		8		3		4

Puzzle 2
Very Easy

	2		8		3			
	3	4				7	5	
1				2	7	8		4
5	8		2					3
3				5		9	1	
		1	4		9		8	
2	6	3		8			7	9
	5			9	2			1
		7	3		4	5		

Solution for Puzzle 1

8	2	5	3	7	1	9	4	6
7	1	3	6	9	4	2	8	5
4	6	9	8	2	5	1	7	3
6	3	8	9	4	7	5	1	2
5	9	2	1	6	8	4	3	7
1	7	4	2	5	3	6	9	8
2	8	6	4	3	9	7	5	1
3	4	7	5	1	2	8	6	9
9	5	1	7	8	6	3	2	4

Solution for Puzzle 2

7	2	5	8	4	3	1	9	6
8	3	4	9	1	6	7	5	2
1	9	6	5	2	7	8	3	4
5	8	9	2	7	1	6	4	3
3	4	2	6	5	8	9	1	7
6	7	1	4	3	9	2	8	5
2	6	3	1	8	5	4	7	9
4	5	8	7	9	2	3	6	1
9	1	7	3	6	4	5	2	8

Puzzle 3
Very Easy

	5		3	4		1		2
		4	8		1			
2		8				3	9	
	9	1			4			8
	8			9		6	5	
5			6		2		1	
3			2		8	9		
		9	4	6				5
8	4	7		1			3	6

Puzzle 4
Very Easy

	1			7	9			
		8	1		2	5		7
5	9						4	2
	7	4		1		9		
		9	4				8	3
8				5	3		7	
2				9	5			4
	4		3		1	8		
9	6	1	7			3	2	

Solution for Puzzle 3

7	5	6	3	4	9	1	8	2
9	3	4	8	2	1	5	6	7
2	1	8	7	5	6	3	9	4
6	9	1	5	3	4	7	2	8
4	8	2	1	9	7	6	5	3
5	7	3	6	8	2	4	1	9
3	6	5	2	7	8	9	4	1
1	2	9	4	6	3	8	7	5
8	4	7	9	1	5	2	3	6

Solution for Puzzle 4

4	1	2	5	7	9	6	3	8
6	3	8	1	4	2	5	9	7
5	9	7	8	3	6	1	4	2
3	7	4	2	1	8	9	5	6
1	5	9	4	6	7	2	8	3
8	2	6	9	5	3	4	7	1
2	8	3	6	9	5	7	1	4
7	4	5	3	2	1	8	6	9
9	6	1	7	8	4	3	2	5

Puzzle 5
Very Easy

4	6					5	1	
	3			9	6			
		8	3		1		9	4
		6	5			8	7	
8				4	7	9		
	9	5		3				6
6	2	3	9			1		7
	5		7		3			8
1				6	4		5	

Puzzle 6
Very Easy

3				6	4			
4	1						2	5
		7	3		5	1		6
	7			1	9		6	
		4	2				7	9
6		2		3		4		
	5			4	1			2
8	4	3	6			9	5	
2			9		3	7		

Solution for Puzzle 5

4	6	9	8	7	2	5	1	3
5	3	1	4	9	6	7	8	2
2	7	8	3	5	1	6	9	4
3	4	6	5	2	9	8	7	1
8	1	2	6	4	7	9	3	5
7	9	5	1	3	8	4	2	6
6	2	3	9	8	5	1	4	7
9	5	4	7	1	3	2	6	8
1	8	7	2	6	4	3	5	9

Solution for Puzzle 6

3	2	5	1	6	4	8	9	7
4	1	6	7	9	8	3	2	5
9	8	7	3	2	5	1	4	6
5	7	8	4	1	9	2	6	3
1	3	4	2	8	6	5	7	9
6	9	2	5	3	7	4	1	8
7	5	9	8	4	1	6	3	2
8	4	3	6	7	2	9	5	1
2	6	1	9	5	3	7	8	4

Puzzle 7
Very Easy

6	5						4	9
3			1		6			
		7		3	9	5		1
1		4	3			6		
	7		5		8		1	
		6		4			7	8
2	6	3		1		8	9	
	9		6		5			4
4				8	3	7		

Puzzle 8
Very Easy

7				5	9	3		4
		5	4		2			
	3	2					8	9
8		4	5			2		
2				8			7	1
	7		3		1		4	
	9		2		3			8
5	2	6		4		1	9	
		8		1	5	7		

Solution for Puzzle 7

6	5	1	8	7	2	3	4	9
3	4	9	1	5	6	2	8	7
8	2	7	4	3	9	5	6	1
1	8	4	3	9	7	6	5	2
9	7	2	5	6	8	4	1	3
5	3	6	2	4	1	9	7	8
2	6	3	7	1	4	8	9	5
7	9	8	6	2	5	1	3	4
4	1	5	9	8	3	7	2	6

Solution for Puzzle 8

7	6	1	8	5	9	3	2	4
9	8	5	4	3	2	6	1	7
4	3	2	1	7	6	5	8	9
8	1	4	5	9	7	2	3	6
2	5	3	6	8	4	9	7	1
6	7	9	3	2	1	8	4	5
1	9	7	2	6	3	4	5	8
5	2	6	7	4	8	1	9	3
3	4	8	9	1	5	7	6	2

Puzzle 9
Very Easy

	9			5	8			
3			9		2	7	5	
	8	7					2	4
4	5			9		8		
		3		7	1			5
8			4				1	3
		2		8	7		4	
9	6	8	5			1		2
	4		1		9	3		

Puzzle 10
Very Easy

7			8		9		1	6
	4	6				2	8	
		9		4	1			
2	1			9				4
		7	3	6		1		
4					2	7	3	
		2	9		3			7
		8	6	4			2	
9	5	4			1	8		3

Solution for Puzzle 9

2	9	4	7	5	8	6	3	1
3	1	6	9	4	2	7	5	8
5	8	7	3	1	6	9	2	4
4	5	1	2	9	3	8	6	7
6	2	3	8	7	1	4	9	5
8	7	9	4	6	5	2	1	3
1	3	2	6	8	7	5	4	9
9	6	8	5	3	4	1	7	2
7	4	5	1	2	9	3	8	6

Solution for Puzzle 10

7	3	5	8	2	9	4	1	6
1	4	6	5	3	7	2	8	9
8	9	2	4	1	6	3	7	5
2	1	3	7	9	8	6	5	4
5	8	7	3	6	4	1	9	2
4	6	9	1	5	2	7	3	8
6	2	1	9	8	3	5	4	7
3	7	8	6	4	5	9	2	1
9	5	4	2	7	1	8	6	3

Puzzle 11
Very Easy

	3	6					4	1
		9	2		6			
7				9	1	3		2
	7		3		8		2	
4		2	9			6		
6				4			7	8
9	6	5		2		8	1	
		4		8	9	7		
	1		6		3			4

Puzzle 12
Very Easy

		2		8	4	7		3
	8		7		9			
3	9					4	6	
		9		6		5	2	
	7	6	8					9
2			3		5		7	
9	1	8		7			4	5
	6			5	8			2
4			9		3	6		

Solution for Puzzle 11

2	3	6	8	7	5	9	4	1
1	4	9	2	3	6	5	8	7
7	5	8	4	9	1	3	6	2
5	7	1	3	6	8	4	2	9
4	8	2	9	1	7	6	3	5
6	9	3	5	4	2	1	7	8
9	6	5	7	2	4	8	1	3
3	2	4	1	8	9	7	5	6
8	1	7	6	5	3	2	9	4

Solution for Puzzle 12

1	5	2	6	8	4	7	9	3
6	8	4	7	3	9	2	5	1
3	9	7	5	2	1	4	6	8
8	3	9	1	6	7	5	2	4
5	7	6	8	4	2	1	3	9
2	4	1	3	9	5	8	7	6
9	1	8	2	7	6	3	4	5
7	6	3	4	5	8	9	1	2
4	2	5	9	1	3	6	8	7

Puzzle 13
Very Easy

	2			3	8	6		5
6		7					4	3
		8	5	7				
	7				4		2	9
	4	5	8			7		
2			6	9			5	
		4		8	9	2		
7	8	1			5	9	3	
3			7	6				4

Puzzle 14
Very Easy

	2		6		8		9	5
6				9	4			
4		5				7	8	
	4		7			2	3	
		2		5	3	9		
9	7			6				4
7			3		6			2
		8		4	5		7	
1	6	4	9			8		3

Solution for Puzzle 13

1	2	9	4	3	8	6	7	5
6	5	7	9	1	2	8	4	3
4	3	8	5	7	6	1	9	2
8	7	6	1	5	4	3	2	9
9	4	5	8	2	3	7	6	1
2	1	3	6	9	7	4	5	8
5	6	4	3	8	9	2	1	7
7	8	1	2	4	5	9	3	6
3	9	2	7	6	1	5	8	4

Solution for Puzzle 14

3	2	1	6	7	8	4	9	5
6	8	7	5	9	4	3	2	1
4	9	5	2	3	1	7	8	6
5	4	6	7	1	9	2	3	8
8	1	2	4	5	3	9	6	7
9	7	3	8	6	2	5	1	4
7	5	9	3	8	6	1	4	2
2	3	8	1	4	5	6	7	9
1	6	4	9	2	7	8	5	3

Puzzle 15
Very Easy

	8			2	1		5	3
1			3	7				
7		5				6		2
3	6		1				7	
		8	5	4		3		
	7				6	8		4
9	1	7			3	2	4	
		2	7	5				6
6				1	4		8	

Puzzle 16
Very Easy

	5	3				1		4
6				1	8	2	3	
	8		2	5				
		6	3	9				2
5					4	9		6
4	2		8				5	
	4			8	9		6	
		1	5	3		4		
8	7	5			2		9	1

Solution for Puzzle 15

4	8	9	6	2	1	7	5	3
1	2	6	3	7	5	4	9	8
7	3	5	4	9	8	6	1	2
3	6	4	1	8	2	5	7	9
2	9	8	5	4	7	3	6	1
5	7	1	9	3	6	8	2	4
9	1	7	8	6	3	2	4	5
8	4	2	7	5	9	1	3	6
6	5	3	2	1	4	9	8	7

Solution for Puzzle 16

2	5	3	9	7	6	1	8	4
6	9	7	4	1	8	2	3	5
1	8	4	2	5	3	6	7	9
7	1	6	3	9	5	8	4	2
5	3	8	7	2	4	9	1	6
4	2	9	8	6	1	7	5	3
3	4	2	1	8	9	5	6	7
9	6	1	5	3	7	4	2	8
8	7	5	6	4	2	3	9	1

Puzzle 17
Very Easy

7				9	1		2	6
	2	5				3		9
		1	6	5				
5					3	7		4
	7		2	4		6		
3		6	1				5	
1	5	8			6	9	4	
	9		5	2				3
		3		1	4		7	

Puzzle 18
Very Easy

	1		7		8			
3			9	1		6	8	
	7	6					9	5
5	8				1	7		
		3	4		6			8
7				5			4	3
1	2	7		8		4		9
	5		1	4		3		
		9	6		7		5	

Solution for Puzzle 17

7	8	4	3	9	1	5	2	6
6	2	5	4	8	7	3	1	9
9	3	1	6	5	2	4	8	7
5	1	2	8	6	3	7	9	4
8	7	9	2	4	5	6	3	1
3	4	6	1	7	9	2	5	8
1	5	8	7	3	6	9	4	2
4	9	7	5	2	8	1	6	3
2	6	3	9	1	4	8	7	5

Solution for Puzzle 18

9	1	5	7	6	8	2	3	4
3	4	2	9	1	5	6	8	7
8	7	6	2	3	4	1	9	5
5	8	4	3	9	1	7	2	6
2	9	3	4	7	6	5	1	8
7	6	1	8	5	2	9	4	3
1	2	7	5	8	3	4	6	9
6	5	8	1	4	9	3	7	2
4	3	9	6	2	7	8	5	1

Puzzle 19
Very Easy

	8	2				6		1
	9		7		8			
4				9	6	7	2	
1	7		9				8	
8				1		3		4
		4	2		3			7
		6	8		2	1		
	1			3	9		4	
9	5	8		7			3	6

Puzzle 20
Very Easy

2			7	4				
4	6						1	8
		9		8	2	6		7
		4			1		9	5
	9		6	5			7	
7		1	2			4		
	8		4	6				1
3	4	2			7	5	8	
1				2	5	9		

Solution for Puzzle 19

7	8	2	3	4	5	6	9	1
6	9	1	7	2	8	4	5	3
4	3	5	1	9	6	7	2	8
1	7	3	9	6	4	5	8	2
8	2	9	5	1	7	3	6	4
5	6	4	2	8	3	9	1	7
3	4	6	8	5	2	1	7	9
2	1	7	6	3	9	8	4	5
9	5	8	4	7	1	2	3	6

Solution for Puzzle 20

2	1	8	7	4	6	3	5	9
4	6	7	5	3	9	2	1	8
5	3	9	1	8	2	6	4	7
6	2	4	3	7	1	8	9	5
8	9	3	6	5	4	1	7	2
7	5	1	2	9	8	4	6	3
9	8	5	4	6	3	7	2	1
3	4	2	9	1	7	5	8	6
1	7	6	8	2	5	9	3	4

Puzzle 21
Easy

8				1	5	4	6	
		1	4	7				3
5		6				1		
	5			8				
4		9			2	6	7	
		3		6	4		1	2
2			1	9			8	5
3		5				7		
		8		4	3			6

Puzzle 22
Easy

		6		5	3		1	
	9		8		6	2		5
	8	2						6
8					9			
	5	7	4			3		2
		1	5		2	6	4	
	4			6	7	9	8	
		9	1		5		2	
	1	8						3

Solution for Puzzle 21

8	3	7	2	1	5	4	6	9
9	2	1	4	7	6	8	5	3
5	4	6	8	3	9	1	2	7
6	5	2	7	8	1	9	3	4
4	1	9	3	5	2	6	7	8
7	8	3	9	6	4	5	1	2
2	6	4	1	9	7	3	8	5
3	9	5	6	2	8	7	4	1
1	7	8	5	4	3	2	9	6

Solution for Puzzle 22

4	7	6	2	5	3	8	1	9
1	9	3	8	4	6	2	7	5
5	8	2	7	9	1	4	3	6
8	2	4	6	3	9	1	5	7
6	5	7	4	1	8	3	9	2
9	3	1	5	7	2	6	4	8
2	4	5	3	6	7	9	8	1
3	6	9	1	8	5	7	2	4
7	1	8	9	2	4	5	6	3

Puzzle 23
Easy

	6		7		2	9	8	
8	7					2		
2				9	3			1
		7			6			
5	9		4			8	3	
1			9		8		2	4
	4			2	5		6	7
7	1					3		
6			1		9			8

Puzzle 24
Easy

4			9	8		2		3
		9	7		2		1	
8		3				9		
2		6		5		3		7
		1	3	2			5	9
	8		4					
		4	2	1		3		
5			6		9		8	4
1		8				7		

Solution for Puzzle 23

3	6	1	7	4	2	9	8	5
8	7	9	5	6	1	2	4	3
2	5	4	8	9	3	6	7	1
4	8	7	2	3	6	5	1	9
5	9	2	4	1	7	8	3	6
1	3	6	9	5	8	7	2	4
9	4	8	3	2	5	1	6	7
7	1	5	6	8	4	3	9	2
6	2	3	1	7	9	4	5	8

Solution for Puzzle 24

4	1	7	9	8	5	2	6	3
6	5	9	7	3	2	4	1	8
8	2	3	1	6	4	9	7	5
2	9	6	8	5	1	3	4	7
7	4	1	3	2	6	8	5	9
3	8	5	4	9	7	6	2	1
9	7	4	2	1	8	5	3	6
5	3	2	6	7	9	1	8	4
1	6	8	5	4	3	7	9	2

Puzzle 25
Easy

		3		4	1	6		8
	6	1						4
	4		8	9			5	
	5			6	8	4	2	
1				3				
	7	8			2	9		6
	3			8	5		6	
	1	5						9
		2	4	7		3	1	

Puzzle 26
Easy

		8	2		9		3	6
	2		5	6		1		
	3	9						2
	4	6			7		5	3
9			8					
	1		3		6	7	2	
		7	4	2		9	8	
	9	1						5
	8		6		1	3		

Solution for Puzzle 25

5	9	3	2	4	1	6	7	8
8	6	1	3	5	7	2	9	4
2	4	7	8	9	6	1	5	3
3	5	9	7	6	8	4	2	1
1	2	6	9	3	4	5	8	7
4	7	8	5	1	2	9	3	6
9	3	4	1	8	5	7	6	2
7	1	5	6	2	3	8	4	9
6	8	2	4	7	9	3	1	5

Solution for Puzzle 26

1	5	8	2	7	9	4	3	6
7	2	4	5	6	3	1	9	8
6	3	9	1	8	4	5	7	2
2	4	6	9	1	7	8	5	3
9	7	3	8	5	2	6	1	4
8	1	5	3	4	6	7	2	9
3	6	7	4	2	5	9	8	1
4	9	1	7	3	8	2	6	5
5	8	2	6	9	1	3	4	7

Puzzle 27
Easy

	2	6				9		
	9			5	1			7
		4	6	9		1	2	
	8	1	3			2	5	
	7		1	2			9	3
6				4				
	4		7	1				2
		3		8	9		4	6
	6	7				5		

Puzzle 28
Easy

		6	2	5		1		8
2			7		8		9	
1		5						2
	5		6					
3		8		4		7		1
9			1	8		2	4	
		4	3		2	6	5	
6			8	9			1	
5		9						7

Solution for Puzzle 27

1	2	6	8	7	4	9	3	5
3	9	8	2	5	1	4	6	7
7	5	4	6	9	3	1	2	8
9	8	1	3	6	7	2	5	4
4	7	5	1	2	8	6	9	3
6	3	2	9	4	5	8	7	1
5	4	9	7	1	6	3	8	2
2	1	3	5	8	9	7	4	6
8	6	7	4	3	2	5	1	9

Solution for Puzzle 28

7	9	6	2	5	4	1	3	8
2	4	3	7	1	8	5	9	6
1	8	5	9	3	6	4	7	2
4	5	1	6	2	7	9	8	3
3	2	8	5	4	9	7	6	1
9	6	7	1	8	3	2	4	5
8	1	4	3	7	2	6	5	9
6	7	2	8	9	5	3	1	4
5	3	9	4	6	1	8	2	7

Puzzle 29
Easy

		8	3	5				9
2		6					8	
1			8		2	6	5	
		9	6		5	8		4
5		7			4	3	6	
	2		1					
9		2				3		
		1	5		9			6
4			7	8		1		2

Puzzle 30
Easy

4				6	8		9	
		1	2	4		8		7
7		2				4		
9			8	7			5	4
	2			1				
3		8	5			7		6
1			9	8			7	
		5		3	4		2	1
2		9			6			

Solution for Puzzle 29

7	4	8	3	5	6	2	1	9
2	5	6	9	1	7	4	8	3
1	9	3	8	4	2	6	5	7
3	1	9	6	7	5	8	2	4
5	8	7	2	9	4	3	6	1
6	2	4	1	3	8	9	7	5
9	7	2	4	6	1	5	3	8
8	3	1	5	2	9	7	4	6
4	6	5	7	8	3	1	9	2

Solution for Puzzle 30

4	5	3	7	6	8	1	9	2
6	9	1	2	4	5	8	3	7
7	8	2	3	9	1	4	6	5
9	1	6	8	7	3	2	5	4
5	2	7	4	1	6	3	8	9
3	4	8	5	2	9	7	1	6
1	6	4	9	8	2	5	7	3
8	7	5	6	3	4	9	2	1
2	3	9	1	5	7	6	4	8

Puzzle 31
Easy

8	4					6		
6			3		9			7
		2	6	4		8	9	
7			8	9		6		5
1		9		5		3	8	
	4		2					
2			9	7				8
4		7				3		
		5	1		6	2		4

Puzzle 32
Easy

		1		8	6	5		9
6			5		2		7	
9		8				6		
	8				1			
7				5	9		3	6
4		5		3		9		2
		3	6		4		8	1
1				7	5		9	
8		7				2		

Solution for Puzzle 31

8	9	4	7	1	2	5	6	3
6	5	1	3	8	9	4	2	7
3	7	2	6	4	5	8	9	1
7	2	3	8	9	1	6	4	5
1	6	9	4	5	7	3	8	2
5	4	8	2	6	3	7	1	9
2	3	6	9	7	4	1	5	8
4	1	7	5	2	8	9	3	6
9	8	5	1	3	6	2	7	4

Solution for Puzzle 32

2	7	1	3	8	6	5	4	9
6	3	4	5	9	2	1	7	8
9	5	8	1	4	7	6	2	3
3	8	9	2	6	1	4	5	7
7	1	2	4	5	9	8	3	6
4	6	5	7	3	8	9	1	2
5	9	3	6	2	4	7	8	1
1	2	6	8	7	5	3	9	4
8	4	7	9	1	3	2	6	5

Puzzle 33
Easy

.	6	.	1	7	.	3	.	2
2	7	.	.	.	.	1	.	.
1	.	.	5	.	3	.	9	.
4	3	.	.	8	.	2	.	5
.	.	7	6	.	.	.	.	.
9	.	.	2	3	.	.	8	1
6	.	.	3	9	.	2	.	.
.	8	.	4	.	1	.	7	6
7	9	.	.	.	5	.	.	.

Puzzle 34
Easy

3	.	.	4	.	7	9	.	.
.	.	2	3	6	.	.	5	7
5	.	6	.	.	.	.	.	3
1	.	7	.	8	.	.	4	5
.	6	.	2	.	.	.	.	.
9	.	.	5	7	.	8	3	.
2	.	.	7	9	.	5	.	.
6	.	9	.	.	.	.	.	4
.	.	8	1	.	3	6	2	.

Solution for Puzzle 33

5	6	9	1	7	8	3	4	2
2	7	3	9	4	6	1	5	8
1	4	8	5	2	3	6	9	7
4	3	1	7	8	9	2	6	5
8	2	7	6	1	5	4	3	9
9	5	6	2	3	4	7	8	1
6	1	5	3	9	7	8	2	4
3	8	2	4	5	1	9	7	6
7	9	4	8	6	2	5	1	3

Solution for Puzzle 34

3	8	1	4	5	7	9	6	2
4	9	2	3	6	8	1	5	7
5	7	6	9	1	2	4	8	3
1	3	7	6	8	9	2	4	5
8	6	5	2	3	4	7	9	1
9	2	4	5	7	1	8	3	6
2	4	3	7	9	6	5	1	8
6	1	9	8	2	5	3	7	4
7	5	8	1	4	3	6	2	9

Puzzle 1
Easy

	2	9		6				3
	8			5	2	9	1	
	5	1				2		
	9	4		7		1	6	
5					8			
		3		9	1		2	7
	7		2		4		8	5
	3	5				6		
		8		3	9			1

Puzzle 2
Easy

		6		4	1			5
	8		7	6		3	1	
	7	3					6	
7				8				
		5	1	3		6		2
	1	9	2			4	3	
		8	5	1				3
	2			9	6	8		7
	5	7					4	

Solution for Puzzle 1

7	4	2	9	1	6	8	5	3
3	8	6	7	5	2	9	1	4
9	5	1	8	4	3	2	7	6
2	9	4	3	7	5	1	6	8
5	1	7	6	2	8	4	3	9
8	6	3	4	9	1	5	2	7
1	7	9	2	6	4	3	8	5
4	3	5	1	8	7	6	9	2
6	2	8	5	3	9	7	4	1

Solution for Puzzle 2

2	9	6	3	4	1	7	8	5
5	8	4	7	6	2	3	1	9
1	7	3	9	5	8	2	6	4
7	3	2	6	8	4	5	9	1
8	4	5	1	3	9	6	7	2
6	1	9	2	7	5	4	3	8
4	6	8	5	1	7	9	2	3
3	2	1	4	9	6	8	5	7
9	5	7	8	2	3	1	4	6

Now you are so good at Sudoku puzzles, would you like to stretch your brain a bit more?

Here are some BONUS Sudoku puzzles using letters, and symbols.

How to Play the 'alternative Sudoku Puzzles

Use the same techniques you used for the other puzzles in this book... use **LOGiC**

The first puzzles use the letters
ABCD in a 4x4 grid

The next set use the letters **ABCDEF** in a 6x 6 grid

Then a treat for you in the form of a 4 x 4 grid and a 6 x 6 grid of my own unique **symbols**, with a background to **colour in** upon completion.

i hope you enjoy them!

Write a review and let me know if you'd like to see a whole book with these and other 'alternative' Sudoku puzzles in.

ABCD

Puzzle 1
4x4 Easy

	A		
A		B	
	C		
D			C

Puzzle 2
4x4 Easy

C			A
		C	
008
B			D
	D		

BONUS LETTER PUZZLES 4 X 4

Puzzle 3
4x4 Easy

C		B	
		C	
D	A		
	A		

Puzzle 4
4x4 Easy

		A	
A			B
	D		
C			D

Solution for Puzzle 1

C	B	A	D
A	D	C	B
B	C	D	A
D	A	B	C

Solution for Puzzle 2

C	B	D	A
D	A	C	B
B	C	A	D
A	D	B	C

Solution for Puzzle 3

C	D	B	A
A	B	D	C
D	C	A	B
B	A	C	D

Solution for Puzzle 4

D	B	A	C
A	C	D	B
B	D	C	A
C	A	B	D

ABCDEF

Puzzle 5
6x6 Easy

	F	A	B		
E					
	E		A		
B				E	
	D	C		F	
			C		

Puzzle 6
6x6 Easy

F					
		E		B	A
A					F
		F		B	
	C	D			E
				D	

BONUS LETTER PUZZLES 6 X 6

Puzzle 7
6x6 Easy

F		A		D	
	C				
	D				C
C			A		
B		E			F
			E		

Puzzle 8
6x6 Easy

		B			
A				F	C
		C			B
B			F		
D	E				A
			E		

Solution for Puzzle 5

C	F	D	A	E	B
E	A	B	C	F	D
D	E	F	B	A	C
B	C	A	F	D	E
A	D	C	E	B	F
F	B	E	D	C	A

Solution for Puzzle 6

F	B	A	E	D	C
D	E	C	F	B	A
A	D	B	C	E	F
C	F	E	B	A	D
B	C	D	A	F	E
E	A	F	D	C	B

Solution for Puzzle 7

F	E	B	A	C	D
A	C	D	E	F	B
E	D	A	F	B	C
C	B	F	D	A	E
B	A	E	C	D	F
D	F	C	B	E	A

Solution for Puzzle 8

F	C	B	A	E	D
A	D	E	B	F	C
E	F	C	D	A	B
B	A	D	F	C	E
D	E	F	C	B	A
C	B	A	E	D	F

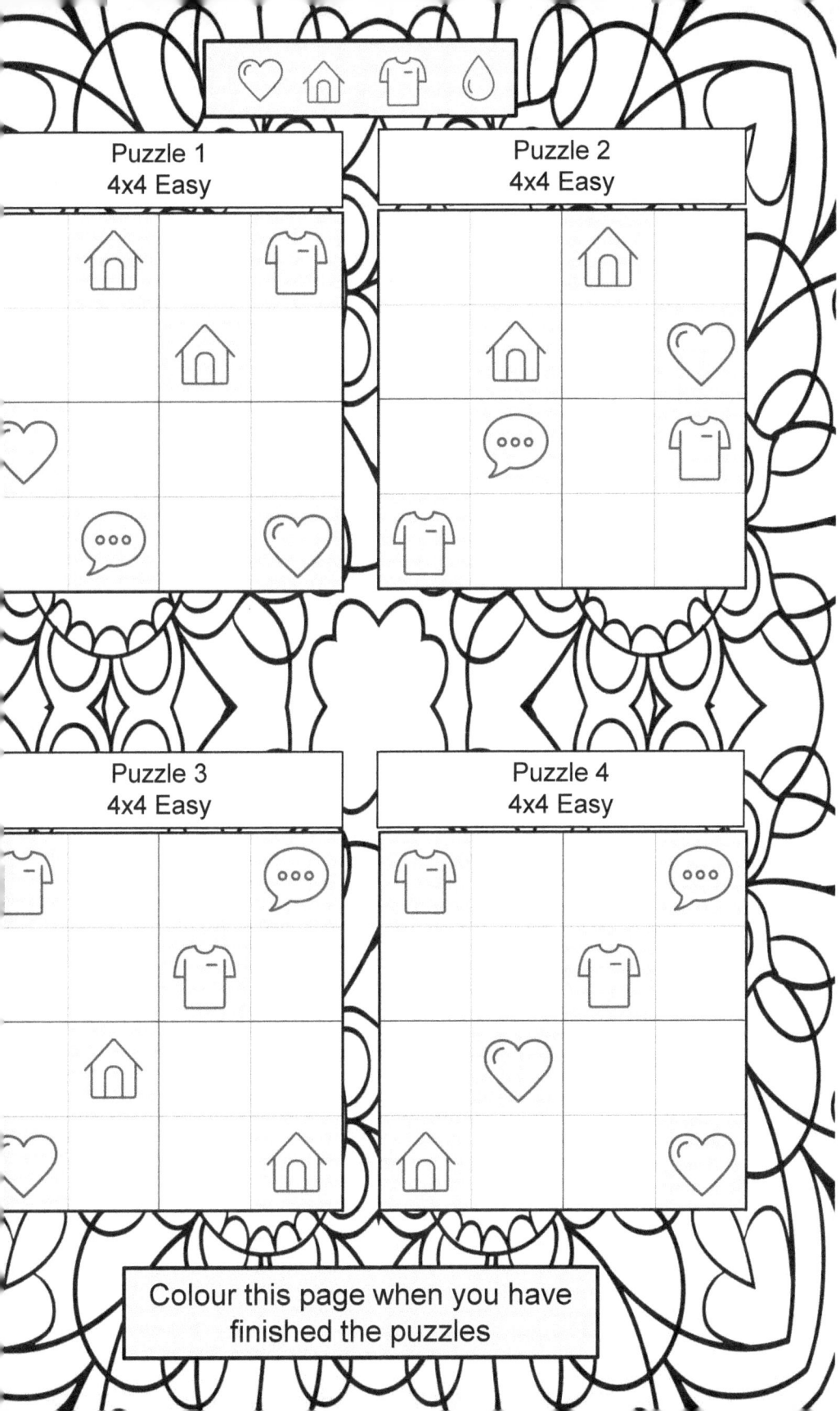

Solution for Puzzle 1

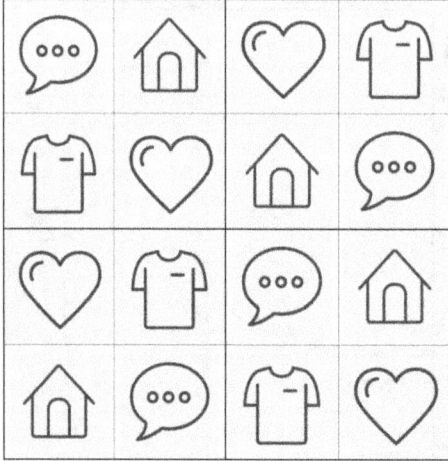

Solution for Puzzle 2

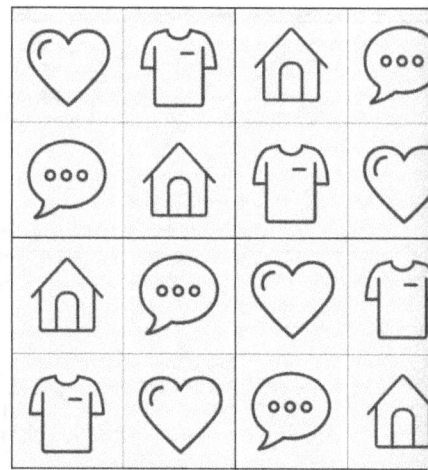

Solution for Puzzle 3

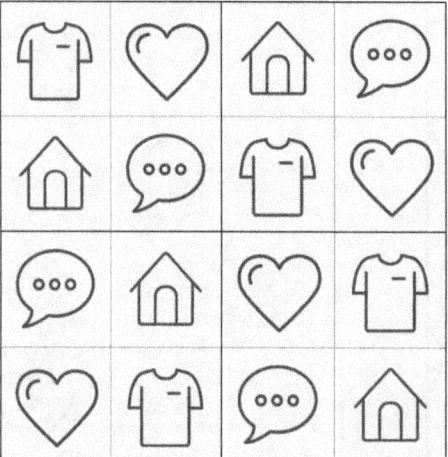

Solution for Puzzle 4

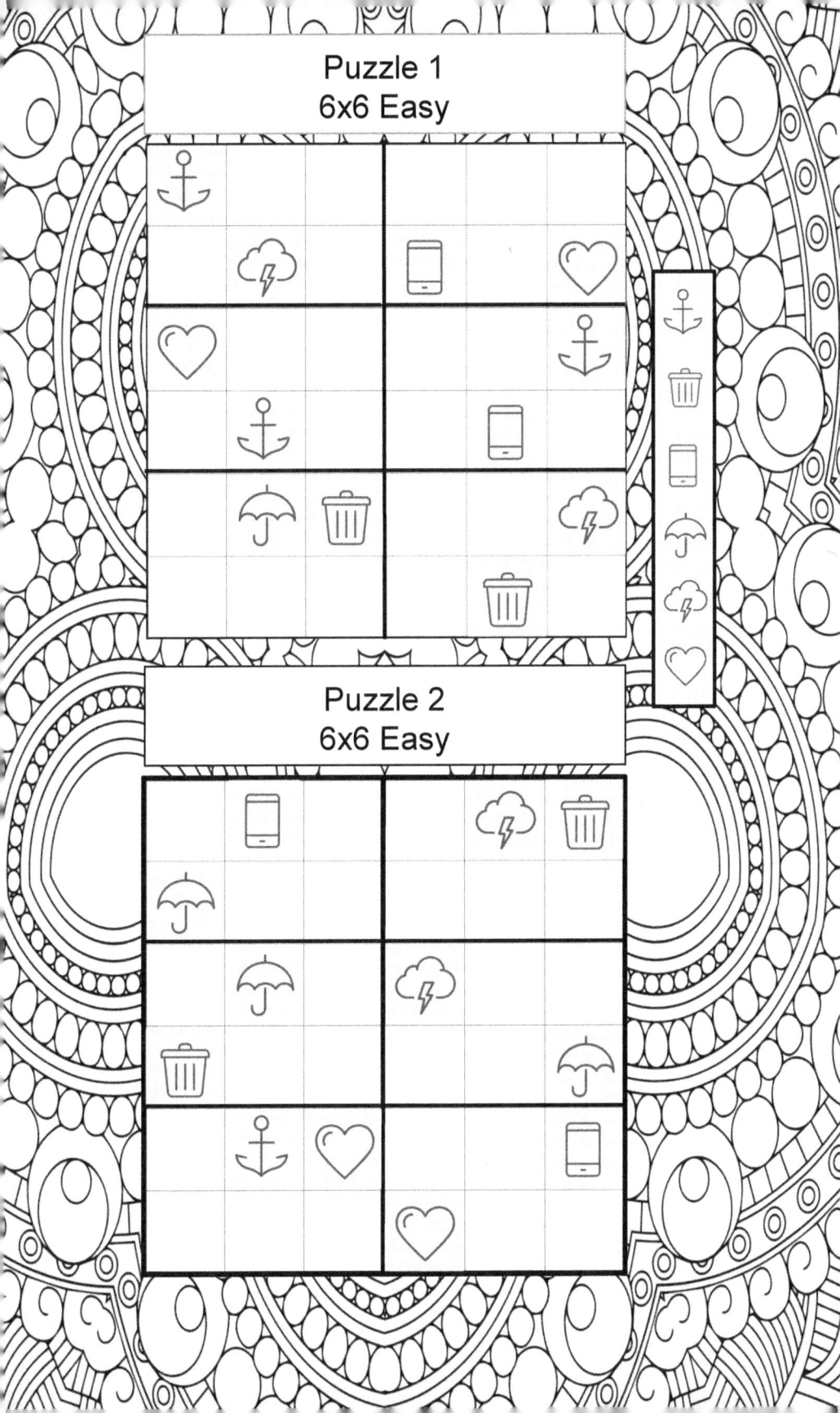

Solution for Puzzle 1

Solution for Puzzle 2

Thank you
for buying this book!
Please write a few words as a review

Are you ready to try some more Sudoku Puzzles from OggyTheOggDesign?

Look out for Volume 2 of
Sudoku for Kids
And my other Sudoku puzzle books

Please check my website
www.kayenutman-writer.com
or Amazon for more books in the Sudoku Puzzles range, and other books by me, if you'd like printable versions then you'll (soon) find them on my website and on Etsy.com too. You can join my author group on Facebook at www.facebook.com/groups/360878484067782
Where you'll hear about lots of other things I produce as a hybrid writer.

Kaye Nutman

Kaye Nutman
oggytheoggdesign ©

www.ingramcontent.com/pod-product-compliance
Lightning Source LLC
Chambersburg PA
CBHW050123020526
44112CB00035B/2366